LES
QVESTIONS
MILITAIRES.

Par le S du* PRAISSAC.

I0025765

A PARIS,

Chez la Vesüe M. GVILLEMOT, & S. THIBOVST,
au Palais, en la gallerie des prisonniers.

M. D. C. XIIII.

AVEC PRIVILEGE DV ROY.

3

A
MONSIEVR LE
BARON DE PALLVAV.

MONSIEVR,

Mon intention estoit de faire
vn quatriesme liure des discours
militaires, contenant les plus ordinaires questions
qui se meuuent entre les gens de guerre, auec ce
que les anciens Grecs & Romains ont faict &
dit sur icelles : ce qu'on a suiui ou delaißé d'eux,
depuis leur ruine iusques au temps que l'artillerie a esté en vsage : ce qui a esté practiqué depuis icelle iusques auiourd'huy : & mon opinion
sur ce qui a esté faict & qui se faict auec mes
raisons. Ouurage non trop difficile ni du tout
inutile, mais de longue haleine, conuenable pour
ceux qui sont de loisir, mais impropre à moy qui

A ij

poursuis pantois ma fortune fuiarde : aussi me
suis-ie retranché de ce dessein, reduisant ce grand
proiect à ce petit recueil, qui tesmoigne que i'ay
osé entreprendre, non executer, commencer sans
poursuiure, faire parler les autres & rester muet.
Mon entreprise & ma peine eussent esté grandes
au respect de mes forces, mais moindres que rien
pour vous estre dediées. Vostre sagesse suppleera
à mon defaut, s'il luy plaist, receuant le proiect
pour l'edifice, & le crayon pour la peinture, iusques à ce qu'auec le temps ie le face paroistre
plus riche de fabrique, & plus agreable d'en-
tretien.

SI LES SVBIECTS D'VN PRINCE SONT OBLIGEZ DE faire la guerre à son commandement contre qui que ce soit.

CHAPITRE I.

LES guerres qui se font pour garder ses droicts, sont permises comme iustes, tant par le droict des gens, le droict Canon, que par le droict diuin : Dieu mesmes commanda aux Israëlites de faire la guerre aux Amorrheens & autres peuples de la Palestine, surquoy sainct Augustin dit, qu'il ne faut pas croire qu'vn homme ne soit pas plaisant à Dieu pour estre homme de guerre, tesmoin le Roy Dauid, & ce Centenier qui est tant loüé en la saincte escriture pour sa foy, & beaucoup d'autres

A iij

Sainɛts de cefte profeſſion. Or il y a trois
principales choſes qui rendent la guerre iuſte, la gloire de Dieu, le bien de l'Eſtat, &
quand celuy à qui on la fait ne veut reparer
le dommage, l'iniure ou la deſobeïſſance
apres en eſtre ſommé : la iuſtice de ceſte
cauſe ſe iuge en la Monarchie par le ſouuerain auec ſon conſeil, ou par luy ſeul, & aux
Republiques par le peuple, ou les princi-
paux d'entre-eux, ou leurs deleguez duë-
ment aſſemblez, eſtant concluë tous les
ſubiects la doiuent tenir pour iuſte, quand
meſme le ſouuerain n'auroit autre raiſon
que celle de ſon plaiſir, car l'iniuſtice de la
cauſe ne redonde pas ſur les ſoldats, mais
ſur le Prince, auquel comme ſubiects ils
ſont tenus d'obeïr contre qui que ce ſoit.
Sainct Auguſtin dit au liure 22. contre
Fauſtin. Si par cas fortuit vn ſoldat iuſte tuë
par le commandement du Roy vn hom-
me conſacré à Dieu, il le fait iuſtement,
ne ſçachant ſi ce que le Roy luy commande eſt contre les preceptes diuins ou non,
ſon obeïſſance le iuſtifie, & la coulpe en
eſt au ſouuerain. D'où ſenſuit que le ſol-

dat Chrestien est obligé de combattre
pour son Prince sans cognoissance de cause, voire encore qu'il fust infidelle, comme
firent les Chrestiens soubs Iulian l'Apo-
stat, lors qu'il leur commanda de prendre les armes pour la deffence de la Republique : Aussi soubs Marc Aurele Anto-
nin, lesquels par leurs prieres firent gres-
ler & tonner sur les Sarmates iusques à estre
deffaicts, finalement le soldat est expié par
l'obeïssance, pourueu qu'il n'y aille point
de la gloire de Dieu, luy mesme le co-
gnoissant : car en tel cas il vaut mieux obeïr
à Dieu qu'aux hommes.

S'IL EST PLVS EXPEDIENT
d'aller faire la guerre au païs de son ennemy, ou de l'attendre chez soy.

CHAPITRE II.

CESTE question a plusieurs argu-
ments & exemples pour & contre,
elle a esté agitée en la plus celebre
assemblée du monde, par de plus excellents

Capitaines qui ayent iamais conduit armée. Iadis Q. Fab. Max. & Publius Scipion, plaiderent ce faict en la Cour de Rome, lors qu'Annibal saccageoit & pilloit
toute l'Italie, Fabius estoit d'aduis de le
chasser en s'opposant à luy auec toutes les
forces Romaines ; & Scipion disoit que le
moyen de le chasser n'estoit pas de s'opposer à luy : mais d'aller mener vne armée chez
luy, & contraindre les siens de le rappeller
pour les secourir, au contraire Fabius sou-
stenoit que la nature enseigne qu'il est plus
necessaire de conseruer ce qui nous appar-
tient que n'est d'en vouloir acquerir, &
plus expedient d'auoir la paix chez soy que
mener la guerre ailleurs, & rendre plustost
les Romains asseurez qu'apporter la crainte aux Affriquains. Que fera, disoit-il, vne
armée en Affrique abordant en lieu où elle
n'a aucun port, en vn païs où elle n'a aucune Cité sienne ny confederée pour seiour-
ner ou aller plus outre, aucun amy pour
estre subuenu, & rien qui ne luy soit contraire, & aduantageux à ses ennemis, qui
auront le courage rehaussé de combattre

pour la liberté publique, pour leurs villes, leur religion, leurs familles, outre que cette armée perdra courage si elle entend qu'Annibal la talonne auec son armée victorieuse, armée qui a vaincu si grand nombre de vieux soldats Romains en Italie où toutes choses estoient pour iceux? & que fera l'armée Romaine si Annibal l'attaque auec tant d'auantages? toute l'Affrique est sienne, les hommes, les villes, les viures, & les eaux; luy qui n'ignore rien de toutes les assiettes, passages, & lieux aduantageux ou desaduantageux du païs, le doit desirer ainsi, & ceux qui veulent contribuer à la fortune des Carthaginois aussi. Tãt que les Atheniens ont fait la guerre à l'entour d'eux, ils ont esté victorieux, mais ayant transporté leur puissante armée en Sicile, vn seul combat naual ruina & leur armée, & leur florissante Republique à perpetuité. Iamais Hercules Egyptien ne peut surmonter Anthée Roy de Lybie pendant qu'il combattit chez soy, mais ayant esté attiré hors de ses terres par la ruse d'Hercules, il fust deffaict, tué, & son Royaume pillé.

Thomiris Royne des Scythes aima mieux
attendre l'armée de Cyrus chez foy que de
luy aller au deuant, efperant de combattre
auec plus d'auātage en fes terres qu'ailleurs,
ce qui luy fucceda felon qu'elle l'auoit preueu, ayant reduit fon ennemy en des mef-
chans deftroits, à la faueur defquels elle
eut la victoire fur luy. Les Lacedemoniens
eftans fortis de leur païs pour combattre
de leurs circonuoifins, les Thebains qui de-
firoient de furprendre Lacedemone, aduertis de leur defpart fe tranfporterent vers
icelle tacitement, conduits par leur excel-
lent Capitaine Epaminondas, mais enui-
ron cent hommes qui eftoient reftez en la
ville, plus pour leur vieilleffe que pour la
garder, ayant defcouuert l'entreprife fe iet-
terent furieufement fur les Thebains qui
eftoient pres de quinze mil hommes, tant
eft grand le courage & force qu'apporte
l'amour & defir de deffendre le païs & les
fiens, f'eftans refolus, ou de mourir auec la
ruine de leurs familles, ou leur conferuer la
liberté & leurs vies en vainquant : la pre-
fence des miferes publiques releue plus le

courage que ne fait la seule souuenance.
Scipion au contraire qui desiroit auoit
pour Prouince l'Affrique, disoit qu'il se falloit seruir de la maxime de son ennemy, de
faire la guerre hors de son païs, afin de n'e-
stre pas le theatre de la misere, car il est pillé, ruiné, bruslé, tant par l'ennemy que par
ses propres gens, les terres sont en friche, les
païsans chassez, les Citez depeuplées de
bourgeois, occupées par les garnisons, ou
par l'ennemy, ou abandonnées & deman-
telées, ou subjectes à contribution; outre
que pour maintenir l'honneur, la dignité,
& la renommée des Romains ils doiuent
monstrer leur valeur & proüesse en la con-
queste d'Affrique, mener l'armée Romaine
aux portes de Carthage, & nõ pas se defendre des Carthaginois aux murailles de Rome, rendant l'Affrique le sejour des armées
& de la crainte. Agatocles tyran de Siracu-
se estant assiegé par les Carthaginois, se sen-
tant foible pour deffendre long temps sa
ville, sortit, & auec le plus de gens, & le plus
diligemment qu'il peut, alla assieger Carthage, posant son camp pres d'icelle d'enui-

ron cinq milles, & mit en route les Carthaginois, & tira à son party beaucoup de villes qui quitterét les Carthaginois vaincus,
pour suiure la fortune d'Agatocles. Ægide
Roy de Lacedemone ayant guerre contre
les Ætoliens, n'attendit pas qu'ils vinssent
chez luy, il s'opposa entierement au passage du Peloponese, & enuoya faire la guerre en Ætolie. Caius Flaminius estant dés-
faict aupres du Transimene, Hieron Roy
de Syracuse conseilla aux Romains qu'ils
fissent passer le Preteur, auquel estoit de-
cretée la Prouince de Sicile auec son armée en Affrique, afin que faisant la guerre
sur le païs de leur ennemy, ils n'eussent
moyen ny relasche de pouuoir donner secours à Annibal. L'opinion de Seruius Sulpitius confirme celle de Scipion, lequel
ayant obtenu pour Prouince la Macedoine
tint tel propos au Senat. Il n'est pas questió
si les Romains doiuent auoir la guerre ou
la paix auec Philippe, car Philippe deliberé
à la guerre ne met pas cela à leur arbitre, il se
prepare de la leur faire cruellement par mer
& par terre, mais il est question si les Ro-

mains le doiuent aller affaillir en Macedone ou l'attendre en Italie: la derniere guerre
Carthaginoife enfeigne de quelle importa-
ce eft de mener la guerre chez autruy. Qui
d'entre vous reuoque en doute que fi on
euft fecouru les Sagontins, comme nos pre-
deceffeurs auoient fecouru les Mamertins,
qu'on euft facilement mis fin à la guerre
d'Efpagne, laquelle par noftre negligence
feft eftenduë iufques en Italie, & a caufé la
mort à tant de braues Romains? de faict fi
Pyrrhus ne fuft venu en Italie, les Tarétins
ne fe fuffent par reuoltez, ny les Lucains, ny
les Sammites, & ces peuples n'euffent pas
porté Pyrrhus vainqueur quafi iufques à
Rome. Penfez vous que Philippe trouue
moins d'adherans & d'infidelité fil vient
en Italie? fi les Romains, dit-il, ne fuffont al-
lez combattre en Affrique, Annibal feroit
en Italie, & Carthage floriroit encores: partant il vaut mieux que Macedone porte les
batailles, & que les villes & païs de Philip-
pes foit ruiné & mis à feu & à fang que celuy des Romains. L'experience nous enfeigne que nous combattons auec plus de

prudence & d'opiniaſtreté au dehors qu'au
dedans de noſtre païs. Agatocles diſoit
qu'on manie les armes d'autre façon en païs
eſtranger que chez ſoy, & que commune-
ment on vainc ſon ennemy en ſon païs par
ſes propres armes, & à ſes deſpens; ioinct
que les ſoldats ſont plus courageux, que
moins ils ont de refuge, eſtans contrains
par la neceſſité ou de vaincre ou de mourir,
outre qu'ordinairement le courage eſt plus
grand en celuy qui attaque qu'en celuy qui
ſe deffend. Si Annibal aprés auoir gaigné la
bataille de Cânes ſe fuſt acheminé droict à
Rome, il eſt certain qu'il euſt ruiné l'Empire Romain : car ceux qui font la guerre en
leur territoire, auſſi toſt qu'ils ont perdu
vne bataille ils ſe trouuent acculez, & eſtans
viuement pourſuiuis, ſe peuuent difficilement reffaire auparauant que l'ennemy
leur ſoit ſur les bras. C'eſt la couſtume ordinaire que le plus fort s'achemine vers le
plus foible, lequel ſe tenant ſur la deffenſi-
ue chez ſoy, a plus d'auantage que l'aſſaillant, poſſedant toutes les commoditez du
païs, & les oſtant à ſon ennemy, qui eſt

contraint de recouurer toutes fortes de
prouifions d'ailleurs, ce qui fe peut faire
pour quelque temps, mais difficilement
peut durer. Fabius voyát qu'Annibal eſtoit
indomptable par armes en Italie, le mena
en longueur, luy oſtant le moyen de combattre, eſtimant qu'il vainquoit aſſez d'empeſcher qu'Annibal ne le ſurmontaſt; Pau-
lus Æmilius marchant en bataille contre
Annibal fut aduerty de Fabius d'vſer de ſa
façon de proceder, car le ſuccez maiſtre des
fols, & l'experience le luy auoit appris, meſmes la raiſon le veut, puis que nous combattons chez nous, & parmy nos alliez, qui
nous aident d'hommes, de viure, d'argent,
d'armes, de cheuaux, & de retraicte: au contraire Annibal eſt combattu de toutes incommoditez, en païs ennemy, eſloigné de
ſa maiſon, qui n'a aucune paix ny par terre
ny par mer, aucune ville aſſeurée, ny rien
pour le ſecourir, qui ne vit que de proye &
volerie, touſiours en ſuſpens & crainte de
ſurpriſe, perpetuellement tourmenté de
voir ſon armée vieillir & ſe diminuer à veuë
d'œil, n'ayant la troiſieſme partie de celle

qu'il a amenée, laquelle se ruine par la faim & non par l'espée. Les Romains vaincront facilement par delay celuy qui se diminue & affoiblit tous les iours de soy, & à qui defaut le viure, le secours & l'argent : de faict Annibal estoit desia vaincu sans la temerité de Terence Varron. Caius Sulpitius Dictateur soustenant la guerre en Italie contre les Gaulois, dilayoit & sappoit son ennemy pour l'incommoder de viures, du temps & du lieu, & par ce moyen le prendre à son aduantage, foible & sans courage, car c'est l'ordinaire qu'au commencement l'assaillant est fougueux, hardy & courageux, mais auec le temps il se rend lasche, foible, & maladif.

S'IL PROFITE PLVS A VN
Prince d'estre doux & traictable enuers son ennemy, ou rude & seuere.
CHAPITRE III.

ANNIBAL & Scipion paruindrent à mesmes effects par leurs diuers comportements : car Annibal se monstra cruel, vsant de violence & rapine, bruslant

bruſlant & ſaccageant tout, qui fut cauſe
qu'en Italie, la Nobleſſe & les villes ſe ren-
dirent à luy, Scipion au contraire, par la
douceur acquit toutes les Eſpagnes à
l'Empire Romain. Manlius Torquatus, &
Valerius Coruinus, paruindrent à meſme
honneur, par leurs diuerſes humeurs. Manlius eſtoit farouche & fort ſeuere en la diſ-
cipline militaire: car il fit mourir ſon fils,
pour ce qu'il auoit combattu ſans ſon commandement, bien qu'il euſt emporté la victoire: & Valerius eſtoit benin & courtois,
lequel n'offença iamais aucun des ſiens, &
par ce moyen diſpoſoit de ſes ſoldats entierement à ſon plaiſir. Vne trop grande ſe-
uerité apporte de la haine ainſi qu'Annibal
en Italie, & trop de douceur engendre du
meſpris, comme aduint à Scipion en Eſpa-
gne, le milieu eſt à ſuiure: que ſi l'on incline
d'vn coſté, ce doit eſtre de celuy de la douceur, car c'eſt vne plus fidelle garde que
celle de la crainte, l'vne entretient l'amour
& bien-veillance, & l'autre la chaſſe: de là
eſt venu ce prouerbe, Autant de ſeruiteurs
autant d'ennemis. Ce n'eſt pas que nous les

B

prenions tels : mais nous leur donnons occafion de l'eftre, par noftre difficulté, rudef-
fe & feuerité , les tenant toufiours en crainte , & naturellement chacun defire que celuy qui craint meure & periffe . Appius
Claudius chef des Romains , contre les
Volfques eftoit cruel à fes foldats , & tra-
uailloit fort fon armée, qui fut caufe qu'elle f'opiniaftra & deuint reuefche & negli-
gente , l'ayant tellement en haine , que f'e-
ftant prefentée l'occafion de combattre,
elle fe laiffa furmonter, fuyant honteufe-
ment en fon camp, fans qu'il y euft aucun
moyen de l'arrefter, ny par honte ny par
menaces, ce qu'ils faifoient afin d'ofter à
leur chef l'honneur de la victoire. Mais
Quintus fon fucceffeur gaigna tellement le
cœur des foldats par fa douceur & bien-
faicts, qu'il ioüit d'eux à fon plaifir, & toutes fes entreprifes luy fuccederent à fou-
hait : il auoit accouftumé de donner le butin aux foldats, & loüer publiquemét ceux
qui en eftoient dignes, qui eft vne chofe
qui contente autant les gens de guerre que
la recompenfe. Papirius dictateur ayant

rangé fon armée en bataille en fi bon ordre
& auec fi grand aduantage fur les Samnites, que la victoire luy eftoit affeurée, fes
foldats qui le haïffoient pour fa feuerité, ne
daignerent apres auoir rompu l'ennemy
de le pourfuiure, afin de luy ofter l'honneur
du triomphe, ce qu'eftant cogneu par Papirius, il le diffimula fagement, & changea
de façon de faire, meflant beaucoup de
douceur parmy fa feuerité, il donna le butin aux foldats, fit penfer les malades, eut
foin des prifonniers, & acquit fi bien la
bonne grace de l'armée, qu'il en obtint
apres de grandes victoires fur les Samnites.
Xenophon dit, que les animaux fe ten-
dét obeïffans par trois chofes; les plus abie-
ctes par le viure, les plus farouches par les
coups, & les plus genereufes par la flaterie,
mettant l'homme à ce troifiefme degré, car
tous aiment l'honneur & la loüange, & peu
fouuent fe monftrent ingrats des bien-
faicts: la douceur furmonte le courroux
(comme dit Valere le Grand) conduit les
foldats à la mort, & vainc le cœur des ennemis. Camille ayant affiegé les Falifques, em-

ploioit inutilement ſes forces & ſes peines, & fuſt difficilement venu à bout de ſon deſſein, ſans que leur ayant renuoyé les traiſtres des fils de leur Roy, ils furent induicts par cet acte à ſe ranger du coſté des Romains. Auſſi le cœur du Roy Pyrrhus fut gaigné par Fabricius, luy renuoyant le Medecin qui le vouloit empoiſonner, & par ceſte courtoiſie, deliura l'Italie du ioug de Pyrrhus.

S'IL FAVT ATTAQVER
l'ennemy, lors qu'il y a de la mutinerie chez luy.

CHAPITRE IIII.

C'EST vne grande ſageſſe à vn chef d'armée d'introduire ou entretenir la diuiſion chez ſon ennemy, afin de le vaincre par ſes propres armes, Marcus Coriolanus pour mettre la diſſention entre les Romains, lors qu'il ſacheminoit auec l'armée des Volſques vers Rome, il commanda à ſes ſoldats de gaſter & de

ſtruire tout excepté le bien des nobles, ce
qui fiſt ſoubçonner au peuple que la nobleſſe le fauoriſoit, & cauſa grande mutinerie : Annibal ne pouuant acheminer ſes
deſſeins pour les obſtacles que Q. Fabius
luy donnoit qui le ruinoit ſans combattre,
en temporiſant & ſe conduiſant par raiſon
& prudence, delibera de le mettre en mau-
uaiſe odeur des ſiens, pour ce faire gaſtoit
& ruinoit tout le païs, horſmis les terres de
Fabius, pour perſuader aux Romains que
non ſeulement il eſtoit laſche & poltron
(qui eſtoit le commun bruit) mais qu'il le
fauoriſoit, ſ'efforçant de faire que le Senat
luy oſtant ſa charge la donnaſt à quelque
eſtourdy & temeraire : Fabius pour obuier à
la haine du peuple, vendit toutes ſes terres,
& de l'argent recouura preſque tous les pri-
ſonniers Romains. Les Lacedemoniés con-
ſeruerent de meſme les terres de Pericles lequel pour ſ'oſter hors de ſoupçon en fiſt
preſent à ſa Republique, & acquiſt honneur & gloire en ce que ſon ennemy luy
auoit braſſé pour infame trahiſon. Voila
comme les chefs ſ'efforcent de mettre la

diuifion parmy leurs ennemis, mais ne les
attaquent pas durant icelle fil n'y a autre
confideration que la mutinerie feule, ils
fomentent l'vn des partis tant qu'ils peuuent pour ruiner l'autre, & affubiectir cet-
tui cy à la fin. Les Preneftins aduertis que les
nobles & le peuple f'entrebattoiét dás Rome fe vindrent haftiuement ietter fur la
porte coline, ce qui fift que les Romains
f'vnirent & creerent pour Dictateur Q. Fabius, & par ce moyen donnerent la chaffe à
leurs ennemis : car communemét les guerres eftrangeres affoupiffent les diffentions
ciuiles. Cefar allant faire la guerre en Bretai-
gne, ils eftoient en guerre ciuile laquelle
prit fin tout auffi toft, & les Bretons efleu-
rent pour chef Caffinellanus qui eftoit le
plus haï d'entre eux. Caius Manlius & M.
Fabius Confuls eftans en l'armée Romaine contre les Veyes, n'ofoit donner la bataille à caufe que leurs foldats eftoient mu-
tinez, ce qu'eftant cogneú par les Veyes, il
les efcarmouchoit tous les iours, qui fut
caufe que les Romains f'eftans accordez,
& les chefs ayans gaigné l'amitié de leurs

soldats , ils combattirent d'vne passion si
grande, que iamais armée Romaine ne fist
mieux : que si les Veyes eussent patienté,
ils eussent veu arriuer entre les Romains ce
qui aduint enuers les Æques & les Volfques, lesquels estans assemblez sur le territoire Romain, entrerent en debat de quelle
nation on prendroit le chef general d'eux
tous, le debat s'accreut de telle façon qu'ils
se battirent fort opiniastrement, & laisse-
rent la victoire aux Romains sans coup
frapper. Scorio Capitaine des Daces im-
portuné des siens d'aller attaquer les Romains, qui pour lors estoient en guerre ciuile, leur fist amener deux furieux dogues,
qui d'abordée commencerent à s'entrepe-
lauder , puis fist amener vn loup aupres
d'eux, lors les dogues se quitterent pour se
ruer sur leur commun ennemy , qu'ils
estranglerent, & eux deux furent amis de
là en auant.

SI LES BONS OV MAVVAIS
succez de la guerre dependent de la capacité ou incapacité du general de l'armée.

CHAPITRE V.

PHILIPPE Roy de Macedone disoit ordinairement qu'il festonnoit de ce que les Atheniens auoiēt accoustumé d'eslire tous les ans de nouueaux Lieutenans generaux, veu qu'il n'auoit iamais sceu trouuer qu'vn seul bon chef qui estoit Parmenion, croyant que de la suffisance d'iceluy despendoit l'heur ou le malheur de l'armée, preferant celle des cerfs conduitte par vn lion à celle des lions conduitte d'vn cerf. Caius Cesar s'acheminant en Espagne contre Petreius n'en faisoit pas grand cas, d'autant (disoit-il) qu'il alloit attaquer vne armée mal conduitte: ceste opinion est confirmée par l'exemple des Volsques qui vindrent de vaincus vainqueurs par la conduitte de. Coriolanus,

comme apres sa mort, de victorieux sub-
iects. Les Epirotes ayans surmonté les Romains, CaiusFabricius disoit que ce n'estoit
pas eux, mais l'industrie de Pyrrhus, comme aussi celle de Sertorius conserua l'armée des Lusitaniens qui alloient inconsi-
derement choquer les Romains. Epicrate
dit en ses disputes militaires, qu'vne armée
est vn animal semblable à l'homme de laquelle le general est la teste, & l'armée est
le corps, l'infanterie les mains, & la caualе-
rie les pieds : & comme la teste estant mal
saine les autres membres ont toutes leurs
fonctions deprauées, de mesme le Chef general estant incapable, les batailles font mal
ordonnées, & les soldats mal conduits. A-
lexandre estant mort Leostene dit que son
armée estoit semblable à vn Ciclope qui
ayant perdu son œil, tendoit ses mains de
tous costez agité de diuerses motions ; ou
plustost qu'elle estoit vn corps sans ame
qui ne pouuoit plus subsister. Tant plus la
guerre est difficile, tant plus le general doit
estre vaillant autant pour le moins que celuy des ennemis : quand la mer est tranquil-

le il suffit d'vn pilote tel quel, mais durant
la tempeste le meilleur n'est pas trop bon,
vn general doit auoir ces quatre parties,
l'exercice de l'art militaire, les vertus & re-
gles politiques, l'auctorité ou dignité, &
l'heur en ses actions, cogneu par la pratique. Si en tous les arts du monde le natu-
rel, l'enseignement, & la pratique, sont ne-
cessaires, pourquoy non pas en celuy de sça-
uoir bié regir qui est la plus difficile action
du monde? & qui ne requiert pas vne seule
vertu, mais vn homme qui seul les aye toutes, qu'il soit penible en ses affaires, courageux aux dágers, industrieux aux expediés,
prompt aux executions, preuoyant aux de-
liberations, & qui se gouuerne par l'industrie plus que par la violence? car si les œu-
ures de l'esprit sont de beaucoup plus grandes que celles du corps, les trophées acqui-
ses par iceluy sont de plus d'estime que celles ausquels les forces sont employées, &
souuent l'industrie surmonte ce qui semble
inuincible, tesmoing l'armée de Xerxes
composée de tant de milliers d'hommes, laquelle fut ruinée en Grece par la prudence

de Themiſtocles, elle ſape & mine de telle
ſorte qu'elle meine l'ennemy inſenſible-
ment à ſa ruine. Les plus ſçauās en l'art de la
guerre eſtiment d'autant plus vn general
quand en ſe pouruoyant il deſpouruoit
ſon ennemi, comme de bled, d'eau, de bois,
& de fourrage, taſchant de l'affamer, qui eſt
vne maxime fort pratiquée des chefs, d'autant que la faim emporte la victoire ſans
effuſion de ſang. Fabius Maximus eſtoit
plus craint d'Annibal ſans qu'il combattiſt,
que n'eſtoit Marcellus en combattant: An-
tigonus pour ſurmonter les Atheniens, fiſt
le degaſt des bleds tant aux ſemailles qu'à
la moiſſon & les reduiſit à ſa volonté: par ce
moyen Cambiſes admonneſtoit ſon fils
Cyrus de deſloger ſon camp auant l'arriuée
de la famine, car comme dit Vegece, il y a
plus de cruauté en la faim qu'aux armes, le
bon Chef d'armée adiouſte ſes forces au
bout de ſes fineſſes, & porte ſon courage
contre tous hazards, retenant par ſon exemple chacun en ſon deuoir. Ceſar en ceſte
guerre appellée douteuſe combattant les
Pompeiens, voyant de ſes gens rompus, l'ar-

mée en grand danger, & que ſes exhorta-
tions eſtoient vaines, prit les armes d'vn
ſimple ſoldat & courut vers l'ennemy apres
auoir exhorté les ſiens de mourir apres luy,
ce qui n'eſtoit pas vn acte ſimulé puis qu'il
receut deux cens dards ſur ſon bouclier.
Toutesfois le General ne ſe doit pas teme-
rairement mettre en danger ſi la neceſſité
ne le requiert. Car pluſieurs armées ont eſté
deſconfites pour ce que le Chef ſ'eſtoit te-
merairement ietté ſur les ennemis. P. Scipion ſ'eſtant expoſé aux traicts à la teſte de
ſon armée, par ſa mort cauſa la ruine de l'armée Romaine qui eſtoit preſque victo-
rieuſe. Annibal au ſiege de Sagonte eſtant
monté ſur la muraille, & ietté du haut en
bas, ſes gens ſe trouuerent ſi troublez, que
peu ſ'en fallut qu'ils ne ſ'abandonnaſſent: le
bras du General ne faict pas la victoire, c'eſt
ſon induſtrie. Eſtant reproché à Scipion
l'Affricain qu'il n'eſtoit pas grand ſoldat, re-
pliqua que ſa mere ne l'auoit pas enfanté
tel, mais pour eſtre leur conducteur, la victoire conſiſte pluſtoſt au ſçauoir d'vn
homme ſeul qu'aux armes de pluſieurs. Les

Princes ont d'autres fineſſes pour vaincre
que les ſoldats, & les actions propres aux
membres n'appartiénent pas au Chef,com-
me les ſiennes ne ſ'exercent par aucun autre, d'autant qu'il eſt ſeul qui leur donne
mouuement ou repos, eſtant la cauſe pre-
miere(apres Dieu)de tous les bons ou mau-
uais ſuccez de la guerre.

SI AV IOVR D'VNE BATAIL-
le l'armée doit demeurer ferme en ſilence,
ou bien ſi elle doit aller droit à l'ennemy
auec cry & grande huée.

CHAPITRE VI.

VINT. Fabius & P. Decius Con-
ſuls de Rome, ayans guerre auec
les Samnites & Gaulois, les affron-
terent en bataille,Fabius conduiſoit la cor-
ne droicte de l'armée Romaine contre les
Samnites, & Decius la gauche contre les
Gaulois: Fabius attendit les Samnites de
pied coy, ſans bruit, les ſouſtenant, & di-
layant la bataille le plus qu'il pouuoit, ſça-

chant que son ennemy estoit indompta
ble au commencement, & inuincible à la
premiere pointe, mais qu'ayant passé ceste
fureur, il se rendoit impatient & lasche au
trauail : estás à l'entrée de la bataille les plus
courageux soldats du monde, mais que sur
la fin ils seroient plus foibles que des fem
mes. Voila pourquoy Fabius reserua ses
forces pour combattre son ennemy, lors
qu'il iugeoit de le pouuoir surmonter. Au
contraire Decius voulant au premier choc
monstrer toute sa vaillance, se ietta impe
tueusemét de plein abord sur ses ennemis,
lesquels le soustindrent, & repousserent les
gens, & les mirent finalement en fuitte,
quoy voyant Decius s'efforça de les r'ame
ner au combat, ce que ne pouuant faire ny
par force, ny par flaterie, s'exposa au milieu
de ses ennemis à l'exemple de son pere
pour le salut des legions, & armée Romai
ne, taschant d'acquerir par sa mort l'hon
neur que la victoire luy deuoit, il poussa
son cheual au plus espais des ennemis, & là
fut tué par vne infinité de dards & iauelots,
ce qui incita ses soldats à reuenir aux mains,

renouuellant le combat plus afprement
que deuant, lefquels aidez par le fecours
que leur enuoya Fabius, demeurerent vainqueurs de leurs ennemis. Titus Volufius
Conful Romain ayant fon armée beaucoup moindre que celle des Volfques fes
ennemis, il commanda à fes foldats de demeurer fermes, & ne faire aucun bruit, de fi-
cher leurs pilles en terre & receuoir leurs
ennemis à coups d'efpée, ce qui luy fucceda felon fon intention, car les Volfques f'e-
ftás ruez de pleine courfe fur les Romains,
quand ils furent aux mains auec eux, ils les
trouuerent frais, là où les Volfques eftoient
las, & de courir & de crier, & furent par ce
moyen deffaicts. Antonius Cornelius
preft à combattre contre les mefmes Volfques qui eftoient beaucoup plus forts que
luy, tint tels propos à fes gens : Soldats la victoire eft à nous fi les deuins font verita-
bles en leurs predictiõs: que le grand nombre d'ennemis ne vous eftonne point, por-
tez vous feulement vaillamment, tenez
vos pilles deuant vos pieds fermes, & l'efpée à la main: attendez vos ennemis en fi-

lence fans bouger de vos places, & leur faites rudement fentir la force de vos bras,
ayant toufiours fouuenance que les Dieux
aident les Romains & combattent pour
eux. Pompée rangeant fon armée en bataille contre Cefar en Pharfale, commanda que
chacun demeuraft ferme fans bouger de fa
place, mais qu'ils attendiffent que les Cefa-
riens les vinffent affaillir (ce fut par le Confeil. C. Triarius) afin que le premier affaut
& effort des foldats de Cefar fuft abattu &
fes bataillons efpars & laffez de courir & de
crier. Au contraire Cefar commanda aux
fiens de courir, de crier, de fonner les trompettes, tant pour efpouuéter l'ennemy, que
pour f'entr'encourager entre-eux, à la façon
des vieux Gaulois & Allemans, qui fe met-
toient à huer au commencement de leurs
batailles, courir & branfler leurs armes, &
felon l'horreur du cry il auguroit de l'heu-
reux ou malheureux fuccez de leurs batailles. Les Siriens apres auoir adoré le Soleil au
commencement du choc faifoient fonner
toutes leurs trompettes & iettoient des cris
& des hurlemens horribles pour f'entr'encourager.

courager. Tite-Liue dit que C. Sempronius
combattant contre les Volſques fut mal-
aduiſé de ne faire pas aſſez crier ſes ſoldats,
car cela fit croire à ſes ennemis qu'ils auoiét
manque de courage, rendant vne voix mal
accordante & caſſe, là où les Volſques auec
vne voix rude, forte & virile, ſaſſeurerent
de la victoire, meſme auant de ioindre,
pour ceſte ſeule apparence. En effect, il n'y
a rien de ſi petit en la guerre qui ne ſe trouue quelque fois de grande conſequence, le
conſeil de Cyrus eſt qu'il faut bien cognoi-
ſtre l'ennemy auparauant la bataille, car ſi
l'on combat contre de noũueaux ſoldats
peu verſez aux armes, il eſt bon de les eſton-
ner auec cry & hurlement & leur courir ſus
du premier coup: Mais contre de vieux ſoldats exercez à la guerre, cela eſt inutile : car
telles gens ne ſeſtonnent, ny ne fuyent,
pour voir fondre l'ennemy à pleine courſe
ſur eux, au contraire ſe reſoluent d'attendre
de pied ferme, & ſans bruict pour ſe bien
battre, & mourir pluſtoſt qu'abandonner
leurs rangs.

C

S'IL FAVT OSTER A SES
soldats tout moyen de retraicte sur le poinct d'vne bataille & la faciliter à son ennemy.

CHAPITRE VII.

T ALES interrogé en quoy gisoit la plus grande force, respondit; en la necessité: les Chefs d'armée cognoissans cela ont accoustumé de faire cóbattre les soldats auec icelle pour ce qu'elle leur augmente le courage & les contrainct de mener les mains. Quinte Curse dit qu'en la guerre la necessité va deuant la raison: ceste opinion est confirmée par Q. Fabius Dictateur, lequel ayát quelque temps tenu son armée retranchée dans son camp, estant comme assiegé apres vne desroute contre les Samnites, il esleua à l'improuiste le signal de la bataille auparauant que ses soldats peussent cognoistre l'arriuée d'vn nouueau secours qui venoit de Rome có-duit par C. Fabius General de la Caualerie:

& pour donner plus de courage aux siens,
il leur fit cognoistre en quelle disette & necessité ils estoient, qu'il n'y auoit aucun es-
poir de salut qu'en la victoire, laquelle ne se
pouuoit obtenir qu'en faisant vne furieuse
sortie sur l'ennemy, n'ayant autre chemin
pour leur retraicte que celuy qu'ils feroient
auec les armes au trauers de l'ennemy : &
pour leur monstrer que c'estoit vn faire le
faut, il fit mettre le feu au camp aussi tost
qu'ils furent sortis, afin qu'ils ne se peussent
retirer en iceluy comme ils auoient faict
auparauant, leur disant que les armes ne
doiuent pas estre asseurées par les rampars,
mais bien les rampars par les armes : les soldats incitez par la harangue de ce Dictateur
se porterent courageusement contre l'ennemy, mais principalement lors qu'ils vi-
rent que leur camp estoit tout en feu. M.
Portie Caton faisant la guerre en Espaigne
mena son armée pour combattre fort loin
du Camp & de ses Nauires, puis harangua
ses soldats en ceste façon : Toute l'esperan-
ce de la victoire, ô soldats, gist en la vertu
& vaillance, pour retourner au camp il faut

vaincre les ennemis, car ils font entre luy &
nous, c'eft vne chofe genereufe defperer
tout de fa proüeffe. Annibal ayant paffé les
Alpes preft à combattre P. Scipion remon-
ftra à fes foldats la neceffité : Nous auons,
dit-il, deux mers l'vne à droicte & l'autre à
gauche, la riuiere du Pau & les Alpes au
dos, il faut mes foldats ou vaincre ou mourir, auffi ayant vaincu vos ennemis la mefme fortune qui vous contraint à combattre, vous promet qu'apres la victoire vous
aurez vn butin nompareil : il eft permis d'e-
ftre lafche & craintif à ceux qui ont vne retraicte, vn territoire, vn païs, des chemins
affeurez, des villes de refuge, mais vous qui
n'auez rien de tout cela, il faut vaincre : que
fi la fortune vous eft côtraire, il vaut mieux
mourir en combattant valeureufement
qu'en fuyant comme poltrons : fi vous
eftes refolus de fuiure mon confeil, ie vous
affeure, mes foldats, que vous auez ja vaincu. Vectius Melfius General des Volfques
preft à combattre les Romains leur dit, fe-
rez vous tant de perfonnes ô Volfques fans
vous defendre, dequoy vous feruent vos ar-

mes ? estes vous tumultueux en paix pour
estre paresseux en la guerre ? pensez vous
que quelque Dieu ait soin des ames coüar-
des ? qu'il combatte pour vous ? qu'il vous
tire d'icy ? il faut faire vn chemin auec vos
espées pour en sortir si vous desirez de viure, de reuoir vos parens, & posseder encore vos biens & honneurs en vostre païs, sui-
uez moy, & ie vous monstreray le chemin
qu'il vous faut tenir pour vaincre : ne som-
mes nous pas plus forts que l'ennemy, puis
que la necessité est de nostre costé & qu'elle est la derniere & plus forte defence ? Cesar prest à combattre les Suisses fit mettre
pied à terre à toute sa caualerie & mener les
cheuaux hors de la bataille, afin que le danger fust commun à tous, & que personne
ne peust fuir. Agatoclés estant passé auec
son armée en Affrique, fit mettre le feu à
toutes les nauires pour oster aux siens tout
moyẽ de fuir. Astiages Roy de Mede combattant contre Cyrus Roy de Perse mit vne
pattie de son armée au dos du reste, & leur
commanda publiquement de tuer ceux
qui s'enfuiroient. Le mesme a esté souuent

pratiqué par les Romains, d'où vint le prouerbe entr'eux que le salut des foibles est
de n'en esperer point. A ceste cause Scipion
disoit qu'il falloit aider à l'ennemy à trouuer vn passage pour se retirer, car la necessité côtraint les plus coüards à resister au danger, ou pour le moins leur est vn motif
pour mourir honnestement. Xerxes ayant
esté mis en route par Themistocles en Grece, les Grecs se resolurent de luy clorre le
passage & empescher le retour, mais Themistocles craignant que leur desespoir ne
se conuertist en courage, fit aduertir Xerxes
de s'en fuir vistement. M. Furius Camillus
ayant pris vne ville des Veyes trouua grande resistance au dedans, qui fut cause qu'il
fit crier par la ville qu'on fit grace à ceux qui
ne se defendoient point : ce qui fit quitter
les armes à plusieurs pour sauuer leurs vies.
La pareille chose fut faite par les Samnites
lors qu'ils surprindrent la colonie de Fre-
gelle, & par C. Fabius en la prise d'Auxum.
Lycurgue commandoit à ses soldats de ne
poursuiure pas beaucoup les ennemis
apres leur desroute, estant vn acte trop laf-

che de tuer ceux qui ne se defendēt point,
outre que quand l'ennemy sçait qu'on par-
donne aux fuyards, il recourt volōtiers à ce
remede. Cesar en la bataille de Pharsale fit
publier qu'on espargnast les citoyens Romains, & par ce moyen ouurit la porte de
retraicte à ses ennemis.

SI L'ARTILLERIE EST PLVS
vtile aux assiegeans qu'aux assiegez.

CHAPITRE VIII.

EN cecy faut considerer le nombre,
le calibre, le lieu & les munitions.

Pour le nombre il doit estre
plus grand chez l'assaillant que chez l'assailly.

Pour le calibre de mesme, car l'assailly ne
peut si bien manier & mouuoir ces grosses
pieces dans ses flancs pour n'auoir tel nombre de Canonniers, Pionniers, & tout autre attirail qu'a l'assaillant.

Quant au lieu, il est tousiours plus desaduantageux dedans que dehors, ne pouuant

C iiij

estre si ample, qui est cause qu'vn nombre
d'artillerie du dehors peut rendre inutile
vn autre pareil au dedans d'vne place, à cause des diuers lieux où l'on la peut placer,
d'où s'ensuit que tous les flancs hauts sont
peu vtiles & faciles à enleuer. Quant aux
bas, ils sont de peu de seruice : car ils ne des-
couurent que dans la largeur du fossé en
tout ou en partie. Si en tout, l'artillerie de
l'assaillant la domine & la descouure : si ce
n'est qu'en partie par angle fichant dans le
bastion, l'assaillant ne restera pas ayant faict
breche de passer pour le peu d'espace dangereux, & le long interualle d'vn coup de
canon à l'autre, quand c'est auec balle, que
si c'est auec des cartouches ou petites pieces, il est facile de se couurir à l'encontre,
bien que cela n'est pas capable d'arrester vn
courageux & fort assaillant, si aucun rem-
part, fossé ou retranchement ne luy faict
teste : car bien qu'il perde quelques vns des
siens, ce n'est pas tel nombre qui puisse en-
trer en consideration, outre que la fumée
aux basses places les oste incontinent de
visée, les bricolles du canon, assaillant les

grenades & blocaille des mortiers les rendent bien toſt inutiles.

Quant aux munitions, il eſt à preſuppo-
ſer que l'aſſaillant en eſt mieux fourny, &
qu'il en peut recouurer quand il veut eſtant
maiſtre de la campagne, ce que ne peuuent
faire les aſſiegez eſtans enfermez; Que s'ils
ont vne porte derriere pour recouurer ce
qui leur faict beſoin, en tel cas ils ne ſont
pas aſſiegez, mais aſſaillis, car meſme par
vn ſecours ils ſe peuuent rendre aſſaillans
ce qui peut aduenir aux places maritimes
qui ont de bons ports l'aſſailli eſtant le maiſtre de la mer.

De là on peut inferer que l'artillerie eſt
plus profitable à l'aſſiegeant qu'à l'aſſiegé,
qui ne peut reſiſter aux efforts qu'à la faueur des ouurages.

SI VNE ARMEE SE

pourroit paſſer de quelqu'vn de ces trois membres; Infanterie, Caualerie & Artillerie.

CHAPITRE IX.

TOVT exercice de guerre ſe faict ou contre les fortereſſes, ou parmy la campagne. Si c'eſt contre les fortereſſes, la ſeule Infanterie faict les tranchées, les approches & tous les trauaux, & les garde, donne les aſſauts, force les aſſiegez: la Caualerie bat l'eſtrade, garde les aduenuës, empeſche les ſurpriſes d'vn ſecours, & faict le degaſt ſur les ennemis. Or pource que ces actions ne s'addreſſent pas directement à la ville, & que c'eſt pluſtoſt pour l'aſſeurance & ſoulagemét des aſſiegeans, que pour endommager les aſſiegez, meſmement ſils ſ'eſtoient munis contre le ſiege, à ceſte cauſe il n'eſt pas requis en cet exercice grand nombre de Caualerie.

L'artillerie fauoriſe les approches en demontant celle des rampars Caualiers & autres lieux qui dominent la campagne, asseure le passage du fossé en ruinant les flancs bas, deslogeant les pieces & les hommes qui y sont, faict bresche & ouuerture aux murailles, met le lieu en assaut & asseure les assaillans, quand durant l'assaut elle foudroye de tous costez.

Si la guerre s'exerce parmy la campagne, le pays est raboteus ou boscageus, ou marescageus, ou plain: S'il est raboteus, l'artillerie y faict plus d'effect qu'aucun autre membre, bien qu'on la traine à grand difficulté: S'il est boscageus ou marescageus, c'est l'aduantage de la mosqueterie, en ces lieux la caualerie faict peu d'effect, & l'artillerie embarrasse plus qu'elle ne sert: Si c'est en lieu plain auquel l'Infanterie & la Caualerie puissent marcher en bataille, en tel cas l'armée doit estre pourueuë de grosses colubrines, chasque regiment doit auoir trois ou quatre pieces de campagne trainée chacune à deux cheuaux, les compagnies doiuent auoir moitié piques, moitié mousquets; tous les piquiers doiuent porter le

pot, corſelet, & taſſettes, les bataillons
ſont ſuffiſammét forts de cinq cens piques
ayant cinquante de front & dix de file diſ-
poſés en echiquier, par ce moyen ils ſont
forts deuant & derriere, mais non pas ſur les
aiſles, à cauſe dequoy on a accouſtumé de
ſeconder les bataillons de certains eſcadrós
de caualerie, afin que les bataillons ayans
deſordonné l'ennemy, les eſcadrons en fa-
cent la depeſche, & de peur que durant le
combat l'ennemy n'attaque l'infanterie par
les aiſles, & ſe fourre contre les bataillons
pour les attaquer par flanc, on met la plus
part de la caualerie aux deux cornes, & celle d'entre les bataillons ſe met en la bataille
& en l'arriere-garde, non iamais en l'auant-
garde, de crainte qu'elle n'apporte du deſordre eſtant rompuë.

Quant à l'artillerie elle doit eſtre placée
ſur le front pres des extremitez de l'armée,
afin de croiſer le camp ennemy en tirant re-
leuée ſur quelque terrein qui domine d'vn
peu la campagne ſi on peut, eſtant bien
adreſſée & promptement executée, elle
ruine les bataillons des ennemis & les

contraint de venir defordonnez au combat.

Des chofes precedentes s'enfuit qu'à la
maniere de guerroier d'auiourd'huy, ces
trois membres font infeparables, Infanterie, Caualerie & Artillerie, & qu'vne armée
qui a manque de quelqu'vne de ces parties
eft manchote.

POVRQVOY L'ART D'AS-
faillir les places furpaffe celuy de
les deffendre.

CHAPITRE X.

'EST vne maxime infaillible que le
plus fort force le plus foible, chofe
tres certaine que l'art d'affaillir pre-
cede celuy de fe deffendre; que le plus fort
attaque & le plus foible fe deffend: Et que
par addition de forces aux foibles lon le
peut rendre plus fort, foit pour fouftenir
ou pour attaquer.

Quand entre les armées il y a efgal nombre d'hommes & pareilles armes, elles

font eſtimées eſgalement fortes, & quand
l'vne d'icelles vainc l'autre, elle eſt aidée &
fauoriſée par quelque accident, comme
par l'ordre, la ſage conduite des chefs, l'o-
beiſſance des ſoldats, la pouſſiere, le vent,
le ſoleil, l'aſſiette, la perte du chef ennemy,
vn faux bruit, vne occaſion bien priſe, &
vne infinité de telles choſes qui aduanta-
gent l'vne & la rendét forte & affoibliſſent
l'autre, car l'aduantage des accidents eſt
augmentation des forces.

Les experiences de ces choſes ont faict
que les armees foibles ont cerché le moyen
de ſuppléer à leur foibleſſe & deffaut du nó-
bre d'hommes, en ſe ſaiſiſſant des aduantages, comme des armes plus reſiſtantes pour
les deffenſiues, & de plus violentes pour
les offenſiues, de l'ordre plus propre aux
mouuemens des troupes pour les ioindre,
ou ſeparer, attaquer, en face de flanc, derriere ou de tous coſtez, ou ſouſtenir cela
meſme, ou ſe retirer & remettre en ordre
de l'aſſiette, du lieu, releué & dominant
tout autour afin de deſcouurir & ietter facilement les traicts ſur l'ennemy qui ſe laſſe

& met hors de combat à l'approche.

Quand il y a trop grande diſproportion d'vne armée à l'autre, le plus aſſeuré remede du foible eſt d'empeſcher de ioindre auéc l'ennemy en s'oppoſát à luy aux paſſages des riuieres, aux deſtrois des montagnes, des bois ou des marais, & en plaine campagne luy oppoſant des murailles où il ne puiſſe monter, des foſſes qui deffendent ces murailles, & des logemens qui deffendent ces foſſes, & eux meſmes l'vn l'autre, à ſçauoir celuy qui n'eſt point attaqué & l'autre qui l'eſt.

Ceſte armée retranchée ne denie la victoire à ſon ennemy, qu'entant qu'elle eſt fauoriſée de ſes ouurages, partant l'aſſaillant s'efforce de les ruiner du tout ou en partie pour s'en ſeruir & preualoir. La maniere de ruiner tels ouurages a faict rechercher vne infinité de machines violétes, entre leſquelles l'artillerie eſt incomparable, car il n'y a rien qui luy puiſſe reſiſter que là où elle ne peut paruenir.

De tout temps la ſappe & la mine a eſté en vſage, mais non pas ſi prompte & ſi violente que pour le iourd'huy à caufe de la poudre.

Voila comment la force du nombre d'hommes eft encore augmentée par celle des machines, & doiuent les affaillis s'em-pefcher d'eftre approchez non feulement des hommes, mais auffi de l'artillerie. Or ne peuuent ils euiter l'approche des hom-mes par l'oppofition des murailles, puis que les canons les ruinent,ny par des foffez puis que lon les approche & couure par les tranchées, fappes & mines, & qu'apres on les enfile par les traits, & ruine tout ce qui eft dedans, & ne peuuent les affaillis faire autre chofe que prolonger le temps, pour fe faifir & aduantager de quelque accident, comme d'vne mutinerie chez l'affaillant, des maladies, incommoditez de viures, l'iniure du temps ou changement de la fai-fon, faute de munitions, vn fecours ou des fiens ou de fes alliez.

Tellement qu'vne place ne fe peut for-tifier pour eftre imprenable,fi ce n'eft à cer-tain nombre d'hommes, ou pour refifter tel temps qu'on a propofé.

Auffi

Aufli vn lieu fe pourroit rendre tellement fort qu'il faudroit vn nombre infiny
d'hommes & de temps pour le prendre.

Auparauant donc qu'entreprendre à faire vne forterefse, il faut confiderer fi c'eft
pour conferuer quelque ville : car alors il fe
faut gouuerner felon le lieu, ou pour f'op-
pofer feulement à l'ennemy. Et en tel cas
on eflit l'affiette, imitant en ces delineamés
ceux que l'experiéce a fait cognoiftre eftre
bons en quelque autre lieu, ce qui eft en-
feigné par beaucoup d'autheurs.

Pour le regard du r'habillage il faut auoir
efgard aux lignes qui font droites ou courbes, lógues ou courtes, aux angles qui font
droiçts ou poinçtus ou mouffes & à l'efpa-
ce qui eft grand ou petit.

Les lignes courbes doiuent eftre redref-
fées par le r'habillage, & celles qui font
moindres de cent toifes doiuent porter
vne tenaille fimple \/ de cent iufques à
cent-cinquáte, deux demis baftons ⌐_/⌐
de cent-cinquante iufques à deux cens, vne
double tenaille _/_ de deux cens iufques à trois cens, vn baftion fur le milieu

D

d'icelle ○ Et ainſi en augmentant deux,
trois, & quatre, &c. diſtans l'vn de l'autre
des flancs aux poinctes des baſtions oppo-
ſites ſelon la portée de vos traicts.

Quant aux angles, les plus mouſſes ſont
les plus fermes, partant il faut croiſtre les
poinctus tant que l'on peut, pourueu qu'ils
ne rendent les lignes mal flancquées & les
flancs mal couuerts.

Quant à l'eſpace, il en faut occuper le
plus que l'on en pourra defendre, auec tel
nombre d'hommes qu'on preſuppoſe de
mettre à la garde d'icelle, pour auoir lieu à
faire les retranchemens, Caualiers, maga-
zins, place d'armes, diuers logemens, Ho-
ſpitaux & Cemetieres.

Les foſſez doiuent eſtre fort profonds,
ie dy tant qu'on peut, car les courtines ne
doiuent auoir autre hauteur que la profon-
deur des foſſez ſecs : & au deuant d'iceux
il y doit auoir des contr'eſcarpes, demy-lu-
nes, demy-baſtions, & autres ouurages tra-
uaillez & foſſoyez, afin de retarder le Canon à frapper voſtre muraille & de venir
aux mains auec voſtre ennemy.

L'affaillant confidere auffi que les hommes enfermez feuls ne luy fçauroient refifter ny les ouurages feuls; car il n'y rien au
monde que le trauail de l'homme ne puif-
fe renuerfer, moins les machines ; car celles
de dedans font dominées d'vn pareil nombre de celles du dehors, pour les diuerfes
places & lieux où on les peut difpofer; à
plus forte raifon quád le nombre eft beaucoup plus grand : Mais la liaifon de tous les
trois luy refiftent, fa principale fin donc eft
de les des-vnir, qui eft de demonter toute
l'artillerie de la place, rompre tous les parapets & guerites, afin que les affaillis n'ayết
lieu où fe mettre, & faire ïoüer leurs traicts.
Et ne fe doit point amufer à faire autre breche qu'à renuerfer les parapets & les flancs,
afin de tenir fes foldats affeurez en fes ouurages : Lefquels par leurs tranchées, galle-
ries, fappes, mines, fourneaux, mortiers,
& grenades, fe feront affez de paffages, &
viendront à bout de leur deffein.

De là on peut iuger que les ouurages
d'vne place fortifiée font gaigner le temps,
retardent l'ennemy de tout autre exploict,

luy font cõfommer fes munitions & hommes ; mais ne fçauroit empefcher que le
fort ne force le foible ; qui eft la raifon
pourquoy l'art de defendre ne fçauroit ef-
galler celuy d'attaquer.

S'IL SVFFIT A VN HOMME
*de commandement, de dire qu'il fe faut gou-
uerner aux actions de la guerre felon les
occafions, fans alleguer aucune raifon.*

CHAPITRE XI.

SI le Colonel de l'Infanterie commande
à deux Maiftres de camp d'aller conduire
leurs regiments depuis leurs garnifons iufques au lieu du rendez-vous de l'arméé, s'il s'in-
forme de leur comportement & que l'vn luy ref-
ponde : Qu'vn Maiftre de Camp auant que
fortir le regiment de fon logis, doit confiderer fi l'ennemy eft aux champs ou non,
fil eft plus fort ou plus foible, de Caualerie
ou d'Infanterie, fi le païs eft vny ou rabo-
teux, foreftier ou marefcageux, & fi cela
luy tourne à defaduantage ou profit ;

car si le pays est vny, on descouure l'ennemy de loin, on tient tel ordre que l'on veut,
mais la caualerie y est à craindre, contre laquelle faut opposer les piquiers pour soustenir, & la mosqueterie & pieces de campagne pour leur empescher l'approche : s'il
est raboteus, fossoié, marescageus ou boscageus, il est subiect aux embusches & surprises, difficillement s'y peuuent dresser des
bataillons, on aduance peu de chemin, la
mosqueterie y a l'aduantage, parce qu'elle
trouue tousiours quelque chose qui la fa-
uorise de tirer à couuert, s'il y a des chemins
creux il est dangereux d'y passer, toutesfois
on les force auec les piquiers armez de cor-
selets, pots & tassetes, ayant leur mosqueterie aux deux aisles sur le haut du chemin :
que si la gendarmerie auoit mis pied à terre
pour garder le passage, il faut tenir la campagne afin d'auoir lieu pour placer la mosqueterie aux aisles des piques qui escartera
ceste gendarmerie : que si on est contrainr
de passer au destroit, il faut que les piquiers
aillent deuant, & que la mosqueterie suiue
de pres, les piquiers occupperont toute la

largeur du chemin, horſmis pour le paſſage
d'vn homme de chaque coſté, l'vn par où
la moſquéterie aille tirer au front des picquiers, & l'autre afin qu'apres elle puiſſe ſe
retirer au derriere d'iceux, il conſiderera
ſil peut eſtre aſſailly en ſon chemin, deuãt,
derriere, à coſté ou par tout, ſil doit marcher en bataille, & ſil peut diſpoſer ſes
gens à ſ'y ranger promptement, ſi l'ennemy
le peut attaquer pluſtoſt que le preuoir, ou
ſil peut preuoir l'ennemy pluſtoſt qu'eſtre
attaqué, ſe tenant touſiours preſt à le receuoir auec plus ou moins de ſollicitude qu'il
y a de danger, tant pour le reſpect de l'ennemy que des lieux deſaduantageux, du
temps incommode, des paſſages eſtroits,
des campaignes foſſoyées, des chemins en-
foncez, des quays & ports difficiles, ſil
pourroit eſtre ſurpris en lieu où il n'auroit
moyen de rendre combat, ou ayant ſes
trouppes diuiſées pour le paſſage de quelque riuiere ou ruiſſeau, ou eſtant ſurpris
d'vne embuſcade, en deſordre, eſpars ou
ayant les meches eſteintes. Il conſiderera
ſil a vn ou pluſieurs logis à faire, ſils ſont

suffifamment forts ou f'il les faut barrica-
der:que f'il faut loger en campaigne , il f'in-
formera où c'eft, & f'il y a des commoditez
pour nourrir fon regiment ou f'il en faut
apporter auec foy ; fi le bagage incommo-
deroit par trop, ou fi l'on le peut conduire
facilement. Ayant preueu aux defaduanta-
ges , incommoditez & accidents qui luy
pourroiét furuenir, il fortira en campaigne,
vifitera les armes de fes foldats , les fera difpofer felon l'ordre qu'il voudra tenir , foit
pour combattre ou pour marcher, donnera
les ordres du combat aux Capitaines & fer-
gent Major, ordonnera du lieu de la repeüe
& des altes, enuoyera des coureurs à cheual,
fera marcher fes foldats felon l'ordre & lieu
des bataillons, & dónera la place aux Enfei-
gnes, par ce moyen encore qu'il rencontre
l'ennemy il ne fe trouuera pas furpris , mef-
mement f'il marche en tel ordre & fe tien-
ne fur fes gardes en la mefme forte que f'il
auoit l'ennemy en veuë : car ayant difpofé
fes gens pour telle execution , il ne reftera
plus qu'à les mettre en œuure. Sur le poinct
du combat il fe faifira des aduantages que

l'occasion luy fournira, comme d'vne haye,
d'vn foſſé, d'vn taillis, d'vne vigne, où il
iettera quelque moſqueterie, d'vn ruiſſeau pour ſe couurir d'vn coſté, de ſes cha-
riots ſ'il en a, de ſes pieces de campaigne
contre la Caualerie pour la faire tenir eſloi-
gnée. Durant le combat il ſecourra ſes bataillons eſbranlez par ceux qui ne ſont pas
encores aux mains, leur donnera lieu de retraicte pour ſe refaire entre les autres en-
tiers, ramaſſera, aſſemblera & reordonnera
ſes ſoldats rompus. Que ſi le ſort des armes
luy eſt du tout contraire, il ſe fera pour le
moins achepter à l'ennemy ſelon le prix de
ſa valeur & de ſon experience. Si ce Maiſtre
de Camp conduit ſon regiment ſauue iuſques à ſon logis, ſ'il eſt fort il ſerrera ſes gardes, poſera ſes ſentinelles, ordōnera ſes ron-
des, fera tenir ſes gēs en batailles en la place
d'armes tant que cela ſoit fait, puis les licen-
tiera de loger, leur faiſant deſpartir les quar-
tiers, maiſons & viures. S'il loge en campaigne il ſe retranchera ou couurira des cha-
riots & clayes ou fermetures de camp, &
poſera ſes gardes au dehors d'iceluy & ſes

sentinelles espesses & perduës, de iour à cheual & de nuict à pied tant pres que loin, pour euiter les surprises. *Puis apres que le Colonel sonde de mesme deux Capitaines, l'vn desquels luy die:* I'ay deux cens hommes à conduire, moitié picques, moitié mosquets, mes picquiers sont exercez à se mettre en rang & en file, soit pour vn bataillon quarré, double ou long, à se serrer, espaissir, diuiser ou separer, tourner tant la face du bataillon que celle des hommes où lon veut, à presenter la picque en tous sens, à soustenir, charger & à se retirer, soit bellement ou en doublant le pas, & à se remettre en ordre estans rompus. Et mes mosquetaires sont instruits à tirer par files & par rangs, soit pour charger, passer païs ou se retirer, tant parmy la fumée, la poussiere, le broüillard que durant la pluye, à se disposer aux aisles des picques, à faire des pelotõs & des manches. Quant aux factions premierement pour le marcher, ie les dispose de cinq en cinq ou de sept en sept selon les commoditez du chemin, mettant la moitié des mosquetaires à la teste, toutes les picques au mi-

lieu, & l'autre moitié des moſquetaires à la
queuë. Pour combattre ie fay deux bataillons de mes picquiers chacun de dix hommes de front & de cinq en fonds, eſloignez
de cent pas en arriere & à coſtiere l'vn dé
l'autre, afin que ſi les premiers ſont rompus ils ne deſordonnent les derniers en re-
culant, & fais des pelotons de mes moſquetaires que ie diſpoſe aux aiſles des picquiers, ie mets des rõdachers & des targers
à la teſte de mes picquiers qui ont charge
de ſe ietter à terre durant le choc, ſe gliſſer
ſous les picques & auec des coutelas larges
& courts coupper les iambes des ennemis.
Ie me range au milieu du premier rang du
bataillon de la main droicte, & mets mon
Lieutenant au pareil endroit du ſecond bataillon, auquel ie commande d'attaquer ou
d'attendre l'ennemy ſelon l'occaſion faiſant tirer ſa moſqueterie par rangs, com-
mençãt depuis deux cens pas & continuãt
ſon ſalué iuſques au ioindre tirãt touſiours
à la ceinture, & me tiens diſpoſé de le ſecourir ou auec partie ou auec toute ma
trouppe, & au cas qu'il me viſt eſtre attaqué

qu'il fift la pareille chofe enuers moy , fi
nous l'eftions enfemblement que le victorieux fecoure l'autre: que fi nous eftiós tous
deux mis routte , que celuy qui fe fauue-
roit raliaft le plus de fes gens rompus qu'il
pourroit, & fi tous deux tuez, noftre Enfeigne fuppléeroit à noftre deffaut, fe faifát af-
fifter au premier, fecond & autres chefs des
files pour conduire, & aux Sergens pour ra-
maffer & faire ferrer felon le fuccez, le loifir
& le païs. Si i'ay à paffer quelque ruiffeau i'a-
uife fi i'ay l'ennemy deuant ou derriere, fi ie
l'ay deuant ie fay paffer la moitié de ma
mofqueterie , & range l'autre moitié de
mon cofté au long du riuage afin de faire
tenir l'ennemy au loin , & quand cefte
mofqueterie eft paffée elle fe range au bord
de delà du ruiffeau & commence auffi toft
fon jeu, apres ie fais paffer toutes mes picques qui fe mettent en bataille à propor-
tion qu'elles paffent & à la fin fuit le refte de
la mofqueterie: que fi i'ay l'ennemy derriere ie change de façon faifant paffer la moitié de la mofqueterie tandis que l'autre tire,
puis l'autre moitié tádis que celle-là tirera,

eſtant toute paſſée elle tirera continuelle-
ment eſtant rágée ſur les flács des picques,
que ſi c'eſt vne riuiere qu'il faille paſſer auec
batteau i'attédray la nuiĉt & feray paſſer les
picques premieres au deſceu de l'ennemy,
puis d'entre les moſquetaires ceux qui ne
ſçauront pas nager, mais ie feray tirer con-
tinuellement les autres afin que l'ennemy
ne cognoiſſe pas que ie paſſe, puis paſſeray
ceux-cy à la fin ou ſe ſauueront au pire aller
à la nage : que ſil faut forcer vne porte de
ville, ou paſſer vn pont de riuiere i'armeray
les deux ou trois premiers rács de picquiers
à preuue de moſquet & ferai paſſer mes picques premieres : que ſi le pót eſtoit fort lar-
ge ie mettray deux ou trois rács de moſquetaires à chaque aiſle qui ſe retireront au derriere entre les files apres auoir tiré. Pour le
loger ſi c'eſt en village i'aſſeure mes portes
& murailles ſ'il y en a, ſinon ie choiſis vne
place d'armes que ie barricade, perſe les
maiſons d'autour, & me loge en la plus forte, & poſe mes ſentinelles au loin non tant
que ie les puiſſe perdre, ou en mets de telles
que ie cognoy ne me pouuoir porter pre-

iudice eſtans priſes ou pour leur reſolution
ou pour leur ignorance, ſi ie ſuis contraint
de loger à la campagne, ie cherche quelque
maiſon ou grange ou maſure ou bois ou
chãp foſſoyé ou enuironné de fortes hayes,
& ſelon le lieu, le temps, & les hommes, ie
marche, ie combats, & ie loge.

Apres cela que le Colonel interroge l'autre
Maiſtre de Camp & l'autre Capitaine, s'il n'a
autre reſponce d'eux que de ſe gouuerner ſuiuant
l'occaſion, comment s'aſſeurera-il de leur compor-
tement? y a il apparence que celuy qui ne ſçait dire
côme il faut acheminer vn affaire ordinaire, puiſ-
ſe remedier aux defauts d'vn extraordinaire? ny
qu'aux occaſions celuy ſçache prendre le meilleur
party qui ignore les raiſons de l'aduantage? ſi le
Colonel ſe contente de ceſte replique, c'eſt ou pour
les auoir eſprouuez autresfois & qu'il ſçait leur
capacité, ou que d'autres l'en ont aſſeuré, ou qu'il
excuſe leur defaut de s'exprimer & de pouuoir
dire ce qu'ils ſçauent : Ceux qui ſe couurent des oc-
caſions ſont proches parẽts de ceux qui ont recours
aux gajeures quãd ils ne peuuent prouuer quelque
choſe par raiſon.

Tout ce que i'ay dit cy-deſſus ne ſont que les

communes actiõs d'vn Maiſtre de Camp & d'vn
Capitaine, ils en ont de plus particulieres, ie parle
comme apprentif, & ie ne dis pas encore ce que ie
pourrois, ny ce que diroit vne infinité de Soldats
qu'il y a en France, les merites deſquels ie reuere
tres-fort. Ie reſpons ſeulemẽt à ceux qui rejectent
toutes ſortes de diſcours de guerre faiſans profeſſion d'icelle, & qui reprouuent les raiſons qu'on
apporte aux queſtions propoſées ſe couurans de ce
pretexte, qu'il ſe faut gouuerner ſelon les occaſions.

TABLE DES CHAPITRES.

Extraict du Priuilege du Roy.

PAR grace & priuilege du Roy il permis au S^r DE PRAISSAC de faire imprimer par tel Imprimeur que bon luy semblera vn liure intitulé *Les Discours Militaires*, ensemble *Les Questions Militaires, Briefue methode*, & quelques *Epistres*, qu'il a faicts & composez, & sont faites inhibitions & deffences à toutes personnes de les imprimer ou faire imprimer, vendre ou distribuer lesdits liures ensemblement ou separement durant le terme de dix ans à compter du iour qu'ils seront acheuez d'imprimer, Voulons que ledit Priuilege soit tenu pour bien & deuëment signifié, en mettant vn extraict au commencement ou à la fin dudit liure, comme plus à plein est declaré ausdites lettres patentes de permission. Données à Paris le seiziesme iour de Iuin 1614.

Signé par le Roy en son Conseil.

RENOVARD.

LE DIT S^r DE PRAISSAC a choisy & esleu *La vesue Matthieu Guillemot & Samuel Thibouft* Libraires à Paris, pour imprimer ou faire imprimer & vendre son Liure intitulé *Les Discours Militaires*, dediez à sa Majesté, auec *Les Questions Militaires, Briefue methode*, & des *Epistres* ou *Lettres missiues*, & sont faictes deffences à tous autres de les imprimer ny vendre d'autres que de ceux desdits vesue Guillemot & Thibouft, leur ayant transporté son priuilege suiuant sa forme & teneur, passé par deuant les Notaires soubs signez, le 18. Iuin. 1614.

FARDEAV.

MANCHON.

Acheué d'imprimer le quinziesme Iuillet 1614.

www.ingramcontent.com/pod-product-compliance
Lightning Source LLC
Chambersburg PA
CBHW070944280326
41934CB00009B/2015

* 9 7 8 2 0 1 3 7 6 1 1 5 4 *